AF294913

DIE OPTIMALE ARBEITSUMGEBUNG

Tipps für mehr Wohlbefinden und Produktivität

Verfasst von Caroline Carlicchi

Übersetzt von Mareike Lobeck

Für die Arbeitswelt   50MINUTEN.de

DIE OPTIMALE ARBEITSUMGEBUNG

- **Ziel:** Optimierung der Arbeitsumgebung für effizienteres Arbeiten
- **Anwendung:** Eine optimale Arbeitsumgebung steigert die Leistung, die Effizienz und das persönliche sowie berufliche Wohlbefinden der Mitarbeiter.
- **Arbeitskontext:** Büroleben, Großraumbüro, Miteinander unter Kollegen, Stress, Leistungsfähigkeit und Wohlbefinden bei der Arbeit
- **FAQ:**
  - Wie wirkt sich eine positive Arbeitsumgebung aus?
  - Was ist der Schlüssel für mentales Wohlbefinden im Büro?
  - Wie bleibt man im Büro fit?
  - Wie kann eine Veränderung in der Arbeitsumgebung Stress reduzieren?
  - Wie kann man seine Arbeitsumgebung nutzen, um sein Selbstwertgefühl zu stärken?

- <u>Welche Umgebung fördert Zusammenarbeit?</u>
- <u>Welches Gleichgewicht besteht zwischen meinem Privat- und meinem Berufsleben?</u>
- <u>Wie kann man mit einer Veränderung in der Arbeitsumgebung seine Leistung steigern?</u>
- <u>Wie sollte man die Arbeitsumgebung anpassen, um Veränderungen zu unterstützen?</u>

EINLEITUNG

Anton arbeitet in der Entwicklungsabteilung eines Produktionsunternehmens. Sein Büro liegt abseits in einer Ecke einer veralteten Lagerhalle. Sein Computer stürzt regelmäßig ab und das Licht ist zu schwach, als dass er die Zeichnungen lesen könnte, sodass er ständig zwischen seinem Büro und dem der Arbeitsvorbereitung hin- und hergeht, da dieses besser ausgestattet ist. Anna arbeitet seit 15 Jahren in diesem Unternehmen, im Großraumbüro. Sie wartet ungeduldig darauf, endlich befördert zu werden, damit sie ein Einzelbüro bekommt – was ihrer Tätigkeit angemessener wäre, weil sie sich konzentrieren und viel nachdenken muss. Erik wiederum empfängt keine Kunden im Unternehmen, weil er die Räume dort zu dreckig findet.

In vielen Unternehmen ist die Arbeitsumgebung vor allem ein Kostenfaktor, den es zu reduzieren gilt. Einige multinationale Unternehmen haben jedoch in brandneue Umgebungen investiert, mit dem klar kommunizierten Ziel, das Wohlbefinden ihrer Mitarbeiter zu verbessern. Im Jahr 1998 weihte Renault seinen Technocentre ein, ein ultramodernes Gebäude von 410.000 m^2, das für die teamübergreifende Zusammenarbeit ausgelegt ist. Google zog 2007 mit seinen 11.000 Mitarbeitern in seinen neuen Hauptsitz Mountain View (Kalifornien) um. Der Googleplex bietet eine außergewöhnliche Arbeitsumgebung, die unter Umständen mehr zu bieten hat als das Zuhause der Mitarbeiter: Billardtische, Gärten, Fahrräder, Sofas, in denen ungestört ein Mittagsschlaf gemacht werden kann, ein großes Sportangebot, zahlreiche Restaurants und natürlich angenehme und moderne Büros. Der Bau dieser beiden Unternehmenssitze bedeutete für Renault und Google Investitionen in Höhe von 5,5 Milliarden Franc bzw. mehrerer hundert Millionen Dollar. Warum entscheiden sich manche Unternehmen also zu solchen Maßnahmen?

Diese Unternehmen, die sich immer größerer Beliebtheit erfreuen, beweisen ihren Mitarbeitern mit dem Schaffen einer angenehmen Arbeitsatmosphäre indirekt, dass sie zum Erfolg des Unternehmens beitragen. Gleichzeitig fördern die Unternehmen damit die allgemeine Leistungsfähigkeit. Mit der Hochwertigkeit des Technocentres und des Googleplex geben die beiden Unternehmen ihren Mitarbeitern zu verstehen, dass sie ihnen wichtig sind. So wurden die Gebäude auf Basis von Mitarbeiterinterviews entworfen, damit sie den Bedürfnissen besser entsprechen. Die Umgebung ist daher ideal auf die Anforderungen der jeweiligen Tätigkeiten zugeschnitten und somit ein Zeichen der Wertschätzung – eine Grundvoraussetzung für Motivation.

Jeder Mensch hat das psychologische Bedürfnis sich wertgeschätzt zu fühlen. Wenn diesem Bedürfnis nach Wertschätzung nachgekommen wird, fühlen wir uns bestätigt und können besser nachdenken, uns organisieren und zielorientiert handeln. Wenn wir uns jedoch nicht wertgeschätzt fühlen, empfinden wir Stress, fühlen uns bedroht, sind hoffnungslos und unfähig, zu denken, Entscheidungen zu treffen, zusammenzuarbeiten oder uns zu entwickeln.

Wenn die Arbeitsumgebung im Unternehmen ungeeignet ist, gibt es zahlreiche Möglichkeiten, dies individuell zu lösen. Dieses Buch zeigt Ihnen, wie Sie sich einen angenehmen Arbeitsplatz einrichten, Ihren Stress reduzieren und gleichzeitig die Zusammenarbeit mit Ihren Kollegen und Ihre Produktivität verbessern.

DIE OPTIMALE ARBEITSUMGEBUNG: DIE GRUNDLAGEN

WAS UMFASST DIE ARBEITSUMGEBUNG?

Die Arbeitsumgebung hat einen großen Einfluss darauf, wie wir uns in unserem Berufsalltag fühlen. Sie umfasst damit alles, was sich auf unseren Einsatz und unsere Motivation auswirkt: die Beziehung zu unseren Kollegen, Vorgesetzten und den verschiedenen Teams, die Unternehmensorganisation und -kultur, sowie natürlich die Gebäude, Infrastruktur und den Mitarbeitern angebotene Leistungen.

Genauso wie die Arbeit selbst kann auch die Arbeitsumgebung zu einem Stressfaktor werden. Dabei gibt es verschiedene Ursachen: zu laute Kollegen, zu wenig Licht, viel Staub, zu hohe Temperaturen im Sommer und zu niedrige im Winter, schmutzige Toiletten, unordentliche

Büros, ein mikromanagender Vorgesetzte etc. All dies wirkt sich auf Leistung und Effizienz aus. Eine optimale Arbeitsumgebung fördert hingegen das Wohlbefinden der Mitarbeiter, die deswegen mit Freude zur Arbeit kommen und den gesamten Tag über eifrig und motiviert bleiben. Sie stellt die Gesundheit und Leistungsfähigkeit der Mitarbeiter sicher, ebenso wie die Leistung des Unternehmens.

Ein Unternehmen, das jedoch die Arbeitsumgebung vernachlässigt, erhöht damit im Kontext der heutigen Herausforderungen die Wahrscheinlichkeit des Misserfolgs. Zudem wirkt sich eine negative Umgebung auf die Karriere und Gesundheit der Mitarbeiter aus. Zahlreiche Studien bestätigen, dass ein negatives Arbeitsumfeld zu Schlaflosigkeit, Angstzuständen und Depressionen führen kann.

Bei der Betrachtung des eigenen Arbeitsumfelds sollte man sich daher mit mehreren Aspekten beschäftigen:

- Gebäude, Infrastruktur und angebotene Leistungen
- Organisation

- sich selbst und die eigenen Bedürfnisse
- die anderen und deren Bedürfnisse

Das Arbeitsumfeld setzt sich also aus physischen, organisatorischen, psychologischen und sozialen Aspekten zusammen.

DIE PSYCHISCHE GESUNDHEIT AN ERSTER STELLE

> Julian ist dauerhaft müde. Er hat das Gefühl, dass er seine gesamte Arbeitszeit auf die Bearbeitung von Akten und der E-Mails verwendet, die sein Postfach geradezu überschwemmen. Er stellt fest, dass er keinen Abstand nehmen kann, um ernsthaft und konstruktiv über seine Projekte nachzudenken. Außerdem muss er sich sehr anstrengen, um sich zu konzentrieren. Seine Müdigkeit beginnt, ihm körperlich Probleme zu bereiten, und er kann seinen Gesprächspartnern nicht mehr so gut zuhören. Zudem verliert er schnell die Geduld.

In immer mehr Ratgebern wird zwar auf die schlechten Auswirkungen von ungesunder Ernährung oder von Giftstoffen wie Omega 6, Zucker, Alkohol und Tabak hingewiesen, doch ein wichtiger Punkt wird auch heute noch oft außer Acht gelassen: die psychische Gesundheit. Allerdings hängt unser Wohlbefinden gerade davon ab, wie gut unser Gehirn arbeitet.

Daniel Siegel (geboren 1957), Neuropsychiater an der medizinischen Fakultät der UCLA (Los Angeles), und David Rock, Gründer des Neuroleadership

Institute, haben festgestellt, dass viele Menschen ihr Gehirn überfordern und es so stark beanspruchen, als sei dessen Leistungsfähigkeit unendlich:

- Wir versuchen mehrere Dinge gleichzeitig zu tun.
- Wir teilen unsere Aufmerksamkeit.
- Wir überladen uns mit Information.

Die nachfolgenden sieben Beschäftigungen unterstützen unser Gehirn dabei, optimal zu arbeiten. Sie sind damit für unsere psychische Gesundheit notwendig, da sie es ihm ermöglichen, jeden Tag Information aufzunehmen, Verbindungen im Gehirn zu schaffen und zu stärken. Eine optimale Arbeitsumgebung sollte daher Gebäude, Leistungen und Infrastruktur bieten, die den Mitarbeitern ermöglichen, diesen Beschäftigungen nachzugehen, um ein perfektes Gleichgewicht in ihrem Leben zu finden.

Diese Beschäftigungen sind in verschiedene Zeiten eingeteilt:

- **Die Zeit der Konzentration**: Wir konzentrieren uns auf Tätigkeiten, die dazu dienen, gesteckte Ziele zu erreichen. Dabei bilden wir starke Verbindungen im Gehirn.

- **Die Zeit des Spiels**: Wir erlauben uns, spontan und kreativ zu sein. Dabei wird die Bildung neuer Verbindungen begünstigt.
- **Die Zeit der Beziehung**: Wir treten mit anderen in Kontakt, idealerweise persönlich und nicht über digitale Hilfsmittel. So werden soziale Verknüpfungen aktiviert und verstärkt.
- **Die Zeit der Bewegung**: Wir bewegen uns und stärken so unser Gehirn.
- **Die Zeit der Selbstreflexion**: Wir denken in Ruhe nach, konzentrieren uns auf unsere Empfindungen, Bilder und Gedanken, wodurch unser Gehirn einfacher Informationen aufnehmen kann.
- **Die Zeit der Entspannung**: Wir haben kein spezifisches Ziel. Indem wir unsere Gedanken schweifen lassen oder uns einfach entspannen, helfen wir unserem Gehirn sich zu erholen.
- **Die Zeit des Schlafs**: Wir schlafen, festigen das Erlernte und erholen uns von dem vergangenen Tag. Auch wenn der Schlaf nicht am Arbeitsplatz erfolgt, muss das Unternehmen dennoch sicherstellen, dass die Arbeitslast der Mitarbeiter genügend Schlaf zulässt.

Man sollte darauf achten, alle sieben Beschäftigungen in seinen Tagesablauf zu integrieren. Natürlich gibt es hier nicht die eine perfekte Kombination, vielmehr hat jeder andere Bedürfnisse, was die Dauer der einzelnen Beschäftigungen betrifft. Eines ist jedoch sicher: Für ein ausgewogenes Leben muss jede in den Berufsalltag integriert werden.

PSYCHISCHE GRUNDBEDÜRFNISSE

Vor ein paar Monaten hat Irene eine neue Arbeitsstelle angenommen, allerdings fühlt sie sich dort nicht wohl: Sie ist deprimiert und hat auf nichts Lust. Daher beschließt sie, sich selbstständig zu machen. Seitdem arbeitet sie alleine und vermisst die Zeit, wo sie mit ihren Kollegen beispielsweise in der Kaffeepause geplaudert hat.

Der amerikanische Psychiater Eric Berne (1910-1970), Begründer der Transaktionsanalyse (einer Persönlichkeits- und Kommunikationstheorie), hat drei allgemeingültige psychische

Grund-bedürfnisse definiert. Diese sind für unser Überleben genauso wichtig wie das Wasser, das wir trinken, weswegen wir natürlich versuchen, ihnen nachzukommen. Die Grundbedürfnisse bestimmen also unser Verhalten. Bereits direkt nach der Geburt entsteht das erste Bedürfnis, das nach Anregung bzw. Stimulation. In unserer weiteren Entwicklung führt dieses dann zu dem Bedürfnis nach Zuwendung. Schließlich entsteht zudem das Bedürfnis nach Strukturierung.

- **Das Bedürfnis nach Anregung** entspricht dem Bedürfnis nach sozialer Stimulation, sprich mit seinen ganzen Sinnen in Kontakt mit dem Rest der Welt zu treten, anstatt sich zu langweilen, allein zu sein und zu deprimieren. Dazu gehört, dass einem Dinge erklärt werden, man lernt, versteht, Abwechslung hat etc.
- **Das Bedürfnis nach Zuwendung** entspricht dem Bedürfnis nach sozialer Interaktion, sprich sich von anderen (insbesondere einiger bestimmter Personen) wertgeschätzt zu fühlen, so viele Zeichen der Wertschätzung anzunehmen, wie man braucht, um sich wohl zu fühlen, selbst welche zu senden und unge-wünschte negative Zeichen abzulehnen.

- **Das Bedürfnis nach Strukturierung** entspricht dem Bedürfnis nach Halt durch die auferlegten Grenzen bzw. „Verträge" (Zielfestlegungen, Aktionspläne, Rollen und Verantwortungen, Erwartungen, Visionen, Grenzen etc.) und nach einer zeitlichen Strukturierung des Tages, sodass man die Zeichen an Wertschätzung erhalten kann, die man benötigt.

Alle Merkmale der optimalen Arbeitsumgebung kommen diesen Bedürfnissen nach und steigern so indirekt die Motivation. Werden sie jedoch nicht erfüllt, verstärken sie Depressionen, Angstzustände und geringes Selbstwertgefühl.

TIPP: BESONDERES AUGENMERK AUF VISUELLE ASPEKTE

Alles, was wir visuell von unserer Umgebung wahrnehmen und was den drei Grundbedürfnissen nachkommt, sollte besondere Aufmerksamkeit erfahren, da der visuelle Cortex mehr, ausgeprägtere und komplexere Zellen beinhaltet als der auditive Cortex. Aus diesem Grund spielen Visualisierung im Sport und visuelle Elemente beim Verständnis von neuen

Konzepten eine so große Rolle. Dennoch fördert die Arbeitsumgebung in Unternehmen nur selten ein Gleichgewicht zwischen visuellen Elementen und den Bedürfnissen der Mitarbeiter. Eine solche Diskrepanz senkt Motivation sowie Kreativität und führt zu Stress.

BERUFLICHE BEZIEHUNGEN FÜHREN ZU VERTRAUEN UND MOTIVATION

Isabelle sagt von sich selbst, dass sie enorm anspruchsvoll ist, was die Arbeit ihrer Abteilung sowie ihre eigene betrifft. Diese ist daher äußerst hochwertig, dennoch bitten zahlreiche Mitarbeiter nach ein paar Monaten um eine Versetzung. Isabelle wird sich bewusst, dass sie ihren Mitarbeitern ihre Zufriedenheit mit der Arbeit nicht gezeigt hat. Sie hat ihnen kein Feedback gegeben, das ihnen gezeigt hätte, dass ihre Arbeit den Erwartungen des Unternehmens entspricht, und sie ebenfalls motiviert hätte.

Durch die Interaktion mit unseren Kollegen versuchen wir unserem Bedürfnis nach Zuwendung bzw. Wertschätzung nachzukommen. Wir interagieren also mit ihnen, damit wir Zeichen der Wertschätzung (auch: Strokes) erhalten, die für uns genauso überlebenswichtig sind wie die Luft, die wir atmen. Diese Zeichen umfassen alle Handlungen, die die Wertschätzung des anderen, seiner Anwesenheit, transportieren. Sie werden in allen Kontexten ausgetauscht und können sowohl verbal als auch nonverbal sein (Runzeln der Augenbrauen, ein Blick, eine Berührung etc.). Sie betreffen:

- **die Person, die ich bin**. Zum Beispiel: „Ich arbeite gerne mit Ihnen zusammen." „Gehen Sie mir aus den Augen! Verlassen Sie mein Büro!"
- **meine Handlungen**. Zum Beispiel: „Ich schätze Ihre Arbeit an diesem Projekt sehr." „Sie haben dieses Kundengespräch vermasselt."

Die Zeichen können:

- **positiv sein**: Komplimente, Lob, Glückwünsche, positives Feedback, das Freude macht
- **negativ sein**: Urteile oder negative Kritik, die im Gegenteil verletzt und herabsetzt

	bedingt (das Handeln betreffend)	absolut (die Person betreffend)
POSITIV	„Ich schätze Ihre Arbeit an diesem Projekt sehr."	„Ich arbeite gerne mit Ihnen zusammen."
NEGATIV	„Sie haben dieses Kundengespräch vermasselt."	„Gehen Sie mir aus den Augen und verlassen Sie mein Büro!"

Dass ein Zeichen der Wertschätzung negativ ist bedeutet jedoch nicht, dass es an sich „schlecht" ist: Ein bedingt negatives Feedback (das Handeln betreffend) zu der Arbeit eines Mitarbeiters kann diesen seine Fehler einsehen lassen, sodass er alles daransetzen kann, diese nicht zu wiederholen.

Zu vermeiden: Absolute negative Zeichen der Wertschätzung (die Person betreffend) lassen unsere Gesprächspartner keine Autonomie entwickeln und führen daher in Sackgassen.

Für ein konstruktives positives Zeichen der Wertschätzung:

- Kündigen Sie Ihrem Mitarbeiter an, dass Sie ihm eine Rückmeldung zu seinem Verhalten geben werden.

- Sagen Sie ihm möglichst bald nach seinem Handeln, was er gut gemacht hat, und seien Sie dabei spezifisch.
- Gehen Sie darauf ein, inwiefern sich seine Handlung positiv auf das Unternehmen, Sie und seine Kollegen auswirkt.
- Machen Sie eine Pause, um Ihrem Mitarbeiter Zeit zu geben, Ihr positives Zeichen der Wertschätzung anzunehmen und so von seiner Handlung zu profitieren.
- Ermutigen Sie Ihren Mitarbeiter so weiter zu machen.

Für ein negatives Zeichen der Wertschätzung:

- Kündigen Sie Ihrem Mitarbeiter an, dass Sie ihm eine Rückmeldung zu seinem Verhalten geben werden.
- Sagen Sie ihm möglichst bald nach seinem Handeln, was er nicht gut gemacht hat, und seien Sie dabei spezifisch.
- Gehen Sie darauf ein, inwiefern sich seine Handlung negativ auf das Unternehmen, Sie und seine Kollegen auswirkt.
- Seien Sie so direkt wie möglich und nachdrücklich.
- Machen Sie eine Pause, um Ihrem Mitarbeiter Zeit zu geben, Ihr negatives Zeichen der

Wertschätzung anzunehmen und das Ausmaß seiner Handlung zu erkennen.

- Geben Sie dem Mitarbeiter zu verstehen, dass Sie auf seiner Seite stehen und seine Arbeit mit Ausnahme dieser bestimmten Situation für gut befinden.
- Ziehen Sie einen Schlussstrich.

Der Austausch dieser Zeichen der Wertschätzung folgt ähnlich wie in der Wirtschaft gewissen Kriterien und Regeln, die auf der Annahme eines Mangels beruhen: So wurde uns die Vorstellung vermittelt, dass die Welt uns nicht so viel positive Wertschätzung entgegenbringen kann, wie wir es uns wünschen. Diese Vorstellung führte zu den folgenden Regeln:

- Nicht nach Zeichen der Wertschätzung bitten, die man sich wünscht.
- Nicht die Zeichen der Wertschätzung geben, die man gerne geben würde.
- Nicht die Zeichen der Wertschätzung annehmen, die man gerne bekommt.
- Nicht die Zeichen der Wertschätzung ablehnen, die man nicht bekommen will (negative Zeichen der Wertschätzung, Manipulation).
- Sich nicht selbst (positive) Zeichen der Wertschätzung geben.

Diese Regeln werden von jedem anders befolgt. Manchen Menschen fällt es schwer, Komplimente zu ihrer Arbeit anzunehmen, andere fühlen sich nicht wohl, wenn sie sich über eine bestimmte Situation mit einem Kollegen äußern sollen, selbst wenn sie diese als positiv empfunden haben etc. Zeichen der Wertschätzung haben daher nicht für alle Menschen die gleiche Bedeutung und hängen von der jeweiligen Situation ab (dem Moment, der Person, die das Zeichen vermittelt, etc.)

TIPP FÜR DEN ARBEITGEBER

Es kommt vor, dass Mitarbeiter das positive Feedback ihres Vorgesetzten zu ihrer Arbeit nicht annehmen und etwas antworten wie: „Das ist nicht der Rede wert", oder „Das war das mindeste, was ich tun konnte." In solchen Fällen ist es wichtig, den Mitarbeiter zu ermuntern, die Zeichen der Wertschätzung anzunehmen. Dies kann beispielsweise durch ein einfaches Danke geschehen.

Die „wirtschaftsnahen" Regeln können ebenfalls durch die folgenden Leitsätze ersetzt werden, welche unsere persönliche Entfaltung und Autonomie unterstützen:

- Nach den Zeichen der Wertschätzung bitten, die man sich wünscht.
- Die Zeichen der Wertschätzung geben, die man gerne geben würde.
- Die Zeichen der Wertschätzung annehmen, die man gerne bekommt.
- Die Zeichen der Wertschätzung ablehnen, die man nicht bekommen will.
- Sich selbst positive Zeichen der Wertschätzung geben.

Auch wenn es wichtig ist, sich selbst Zeichen der Wertschätzung entgegenzubringen, sollte dies nicht die einzige Quelle an Wertschätzung sein: Für unser Wohlbefinden benötigen wir ebenfalls Zeichen aus unserem Umfeld.

EINE ORGANISATION, DIE VERTRAUEN UND WOHLBEFINDEN FÖRDERT

Jan hat neu in einem Unternehmen angefangen zu arbeiten. Nach ein paar Monaten zieht er eine erste Bilanz seiner Situation. Während er sich bei seinen vorherigen Stellen immer auf seine Projekte gefreut hat, fühlt er sich in der neuen Umgebung nicht wohl. Ihm fallen zahlreiche

Widersprüche zwischen den vom Unternehmen vertretenen Werten und dem Verhalten der Unternehmensführung oder auch seinen vorgegebenen Zielen auf.

Ein Unternehmen, das Vertrauen und Wohlbefinden unter seinen Mitarbeitern fördert, achtet vor allem darauf, dass deren Tätigkeiten einen bestimmten Zweck haben. Wir alle brauchen das Gefühl, etwas Sinnvolles zu tun und zu wissen, wohin wir gehen und warum. Damit ein Unternehmen diesem Bedürfnis nach Sinn nachkommt, muss es seine Vision, seine Mission und seine grundlegenden Werte klar kommunizieren.

Vision

Die Vision bezeichnet den Fußabdruck, den ein Unternehmen in der Welt und der Geschichte hinterlassen möchte. Es handelt sich um eine eindeutige, ehrgeizige Vorstellung vom zukünftigen Erfolg, die die Mitarbeiter begeistert. Sie beantwortet damit die folgenden Fragen: „Was möchten Sie auf der Welt erschaffen?" und „In was für einer Welt möchten Sie leben?". Damit stellt sie die Grundlage für die Mission, die sich das Unternehmen setzt.

Mission

Die Mission des Unternehmens bezeichnet dessen vorrangige Aufgabe, den Grund für sein Bestehen, seine Existenzberechtigung. Sie definiert außerdem die Auswirkung auf sein Umfeld, das heißt Kunden, Lieferanten, Konkurrenten, Rechtsrahmen etc. Die Mission beantwortet damit die Frage: „Inwiefern trägt unsere Arbeit dazu bei, die Welt zu verändern und unsere Vision zu erfüllen?"

Grundwerte

Ein Unternehmen hat eine Geschichte, einen Gründer, eine sie prägende Persönlichkeit, eine Vision, eine Mission und Grundwerte, die damit übereinstimmen. Die Unternehmenswerte stellen die Basis für die Unternehmenskultur dar, sie legen also den Grundstein und sind von fundamentaler Bedeutung. Es kann sich beispielsweise um ökologische Verantwortung, Innovation, Vertrauen, Integrität oder Kundenzufriedenheit handeln.

Die Werte bestimmen die Unternehmensstrategie und wirken sich – wenn sie authentisch sind –

sinnstiftend auf die Tätigkeiten der Mitarbeiter aus. Heutzutage ist für die meisten Arbeitsnehmer der Anspruch, eine sinnvolle Tätigkeit auszuüben, unverhandelbar. Die Unternehmenswerte stellen, wenn sie von den Mitarbeitern geteilt werden, sicher, dass diese engagiert, produktiv und motiviert sind.

Die Unternehmenswerte gelten zeitlich unbegrenzt und stellen daher ein Hilfsmittel bei der Entscheidungsfindung in schweren Zeiten dar. Sie beantworten die Frage: „Was ist wirklich wichtig, um unsere Mission zu erfüllen?"

Ein Unternehmen, das Vertrauen und Wohlbefinden fördert, sorgt dafür, dass seine Mitarbeiter eine eindeutige Vorstellung von Unternehmensphilosophie, -mission und -werten haben. So kommt es dem Bedürfnis nach Sinn und Sicherheit hinsichtlich Zukunft und Strukturierung nach und ermöglicht die Schaffung einer positiven und optimalen Unternehmenskultur und Arbeitsumgebung.

Die grundlegenden Elemente der Unternehmenskultur können entweder direkt bei Seminaren, Mitarbeiterversammlungen (durch die Vorgesetzten) und durch Aushänge vermittelt oder aber indirekt über das Verhalten oder Vorgesetzte transportiert werden.

Nachdem diese Grundlage gelegt und mit allen Mitarbeitern des Unternehmens geteilt wurde, können für jede Tätigkeit kohärente, sinnvolle Ziele gesetzt werden. Je fassbarer diese Elemente sind, desto besser kann mit vereinten Kräften am Erreichen der Ziele gearbeitet werden, sodass die Mission des Unternehmens erfüllt wird. Offene Gespräche mit den Mitarbeitern stellen sicher, dass sie miteingebunden werden und sie ihre Meinungen über die Art und Weise, wie die strategischen Ziele erreicht werden sollten, kommunizieren können.

Indem das Unternehmen seine Mission mit allen Mitarbeitern teilt, verstärkt es das Zusammenhörigkeitsgefühl und die Zusammenarbeit der Mitarbeiter, unabhängig von deren Position.

TOP TIPPS

ZUR ERINNERUNG

Eine optimale Arbeitsumgebung kommt in erster Linie den folgenden Bedürfnissen nach:

- Bedürfnis nach Anregung, Zuwendung und Stimulierung
- Bedürfnis nach einer Vielfalt der Tätigkeiten, die das Gehirn benötigt, um gut zu funktionieren
- Bedürfnis nach Vertrauen und Motivation
- Bedürfnis nach Sinn

Wenn Sie in der Unternehmensführung arbeiten oder eine Abteilung leiten, können Sie mit den folgenden Maßnahmen eine optimale Arbeitsumgebung für Ihre Mitarbeiter schaffen.

- **Um dem Bedürfnis nach Stimulierung nachzukommen**: abwechslungsreiche Projekte, Entwicklung der Aufgabenbereiche, Ästhetik

des Gebäudes, Stimulierung der Geschmacks-
nerven durch das kulinarische Angebot etc.

- **Um dem Bedürfnis nach Zuwendung nachzukommen**: Gebäude, Arbeitsplätze und Infrastruktur, die den Mitarbeitern vermittelt: „Sie sind hier wichtig und wir kümmern uns um optimale Arbeitsvoraussetzungen für Sie". Außerdem: Einbindung der Mitarbeiter in die Unternehmenspolitik durch klare und motivierende Zielsetzungen, regelmäßige Kommunikation durch die Vorgesetzten zu den Ergebnissen der von den Mitarbeitern ausgeführten Arbeit etc.
- **Um dem Bedürfnis nach Strukturierung nachzukommen**: Formalisierung von Verträgen, Organigramme, Definition der verschiedenen Stellen, Arbeitszeiten, Arbeitsort etc.
- **Um für Abwechslung in den Tätigkeiten zu sorgen, die das Gehirn benötigt, um gut zu arbeiten**: Zurverfügungstellung von Räumen, in denen die Mitarbeiter ungestört arbeiten können, Schaffung von Infrastruktur für sportliche Aktivitäten, zum Ausruhen, Ablenken oder Meditieren, ausgewogenes Essensangebot in der Kantine etc.

- **Um dem Bedürfnis nach Vertrauen und Motivation nachzukommen**: Schaffung einer Vertrauensbasis beim Umgang zwischen Vorgesetzten und Mitarbeitern sowie unter Kollegen, positives Feedback bei Erfolgen und negatives Feedback bei Misserfolgen, wobei in beiden Fällen die getane Arbeit miteinbezogen wird etc.
- **Um dem Bedürfnis nach Sinn nachzukommen**: Formulierung und Kommunikation der Vision, Mission und Unternehmenswerte, strategische und operativ kohärente Ziele etc.

Die Mitarbeiter können selbst Vorkehrungen treffen, um eine optimale Arbeitsumgebung zu schaffen, die den folgenden Bedürfnissen nachkommt:

- **Bedürfnis nach Stimulierung**: mehr Licht, Pflanzen, persönliche Fotos, Abwechslung in den beruflichen Tätigkeiten, Veränderung der Essgewohnheiten etc.
- **Bedürfnis nach Wertschätzung, die Vertrauen schafft und motiviert**: Bitte um Feedback zu ausgeführten Tätigkeiten etc.
- **Bedürfnis nach Strukturierung**: Beschreibung der eigenen Tätigkeit, wenn diese nicht defi-

niert wurde, Klärung der Vorgehensweisen, Aufräumen des Schreibtisches, Einrichtung eines effizienten Ordnungssystems, Definition eines Arbeitsplans etc.

- **Notwendigkeit eines gut arbeitenden Gehirns**: tägliche Umsetzung verschiedener Beschäftigungen, Qualität von Schlaf und Ernährung etc.
- **Bedürfnis nach Sinn**: den Vorgesetzten bitten, die Vision, Mission und Unternehmenswerte zu erklären etc.

FAQ

WIE WIRKT SICH EINE POSITIVE ARBEITSUMGEBUNG AUS?

Für Unternehmen, die optimale Voraussetzungen schaffen wollen, um die heute bestehenden Herausforderungen zu meistern, nimmt eine gute Arbeitsumgebung einen wichtigen Platz ein. Denn diese ermöglicht:

- das Wohlbefinden und Selbstwertgefühl der Mitarbeiter zu stärken, Stress und damit häufige Abwesenheiten, Krankschreibungen und verbundene Gesundheitsausgaben zu reduzieren.
- die Zusammenarbeit zwischen Kollegen und Abteilungen zu verbessern, sodass die Produktivität gesteigert und der Kundenservice optimiert werden kann.
- den Mitarbeitern ein ausgewogenes Leben möglich zu machen, was zu mehr Kreativität und höherer Leistungsfähigkeit führt.
- die Anpassungsfähigkeit zu verbessern.
- die Vision, Mission und Unternehmenswerte klar zu kommunizieren.

WAS IST DER SCHLÜSSEL FÜR MENTALES WOHLBEFINDEN IM BÜRO?

Mit den folgenden Ideen können Sie Ihren jeweiligen Bedürfnissen nachkommen, indem Sie Ihre Umgebung verbessern:

- Richten Sie Ihren Schreibtisch regelmäßig neu aus und räumen Sie ihn um, damit Sie Ihren Blickwinkel ändern.
- Personalisieren Sie Ihr Büro, indem Sie beispielsweise Poster aufhängen, Fotos, einen Stiftehalter oder Pflanzen aufstellen etc.
- Klären Sie jeden Morgen die Prioritäten des Tages und führen Sie als erstes die Tätigkeiten aus, die am meisten Konzentration und Nachdenken erfordern.
- Tauschen Sie sich mit Ihren Kollegen über verschiedene und abwechslungsreiche Themen aus, die vom Erfolg eines Projekts bis zum letzten Film, den Sie gesehen haben, reichen können.

TIPP FÜR DEN ARBEITGEBER

Von Managerseite können Sie diesen Bedürfnissen einfach nachkommen, indem Sie

- sicherstellen, dass die Prozesse und Tätigkeits-

beschreibungen realistisch sind und eine gerechte Arbeitsteilung ermöglichen.
- jeden ermuntern, Fragen zu stellen und Verbesserungsvorschläge zu machen, beispielsweise durch einen Vorschlagskasten.
- präzises Feedback zur ausgeführten Arbeit geben.
- für jede Hierarchiestufe einen Fortbildungsplan erstellen.

WIE BLEIBT MAN IM BÜRO FIT?

Ernährung

Wenn bei der Arbeit selbst kein Angebot für ausgewogene Ernährung besteht, sollte man sich idealerweise seine eigene „Lunchbox" mitbringen und mit seinen Kollegen essen.

Tätigkeiten

Die folgenden Vorschläge ergänzen die Zeit der Konzentration:

- Zeit des Spiels: bei guten Neuigkeiten einen kleinen Freudentanz aufführen, in der Pause Fußball oder Ratespiele spielen

- Zeit der Beziehung: Pausen für Gespräche mit den Kollegen nutzen
- Zeit der Bewegung: in den Tagesablauf einen Moment für sportliche Aktivitäten einbauen, idealerweise Kardiotraining wie Joggen, Fitnesskurse, schnelles Gehen
- Zeit der Selbstreflexion: zehn Minuten die Augen schließen und die Gedanken schweifen lassen, ohne sich mit etwas bestimmten zu befassen
- Zeit der Entspannung: sich ohne weiteren Zweck entspannen
- Zeit des Schlafs: für ausreichend erholsamen Schlaf sorgen, sodass man sich gut fühlt

WIE KANN EINE VERÄNDERUNG IN DER ARBEITSUMGEBUNG STRESS REDUZIEREN?

Denken Sie an die folgenden fünf Punkte, um Ihren unangenehmen Stress zu überwinden.

1. Strukturieren: Organisieren Sie Ihren Schreibtisch, Ihr Ordnungssystem und Ihre Zeitplanung.
2. Atmen: Atmen Sie jedes Mal, wenn Sie sich an Ihren Schreibtisch setzen, dreimal tief durch.
3. Zuhören: Hören Sie ihren Mitmenschen aufmerk-

sam zu – so entwickeln Sie schneller und intensiver Beziehungen. Stellen Sie Ihren Gesprächspartnern gezielte Fragen, um vom Problemmodus in den Lösungsmodus zu gelangen.

4. Sinn stiften: Sehen Sie jede Tätigkeit als einzigartig und interessant an. So wird sie angenehmer und Sie können besser nachdenken.
5. Eine Pflanze kaufen: Eine Studie der University of Technology Sydney (UTS), für die in erster Linie die Verminderung der Luftverschmutzung durch Pflanzen gemessen wurde, ergab ebenfalls, dass Pflanzen zu einer beträchtlichen Reduzierung des Stresslevels führen.

TIPP

Damit die Antistressmaßnahme auch langfristig wirkt, sollte sie in kleine, einfach umzusetzende Tätigkeiten aufgeteilt werden. Denn sich unverhältnismäßige und sinnlose Ziele zu setzen, hätte einen gegenteiligen Effekt und würde einen weiteren Stressfaktor darstellen.

WIE KANN MAN SEINE ARBEITSUMGEBUNG NUTZEN, UM SEIN SELBSTWERTGEFÜHL ZU STÄRKEN?

Unsere Umgebung überflutet uns nicht nur mit Reizen, sondern auch mit Zeichen der Wertschätzung, die wir jedoch häufig nicht in vollem Maße nutzen. Es ist allerdings möglich, das Verhalten in dieser Hinsicht zu ändern.

Mit der folgenden Aufgabe können Sie herausfinden, wie Sie mit Zeichen der Wertschätzung umgehen. Erstellen Sie Ihr Wertschätzungsprofil auf einem Blatt Papier und geben Sie an, auf welcher Stufe zwischen 1 und 100 sich Ihr Verhalten bezüglich positiven und negativen Zeichen der Wertschätzung heute befindet:

- akzeptieren
- bitten
- ablehnen
- geben
- sich geben

Erstellen Sie ein Histogramm, dessen Balken für positive Zeichen der Wertschätzung nach oben und die für negative Zeichen der Wertschätzung nach unten zeigen.

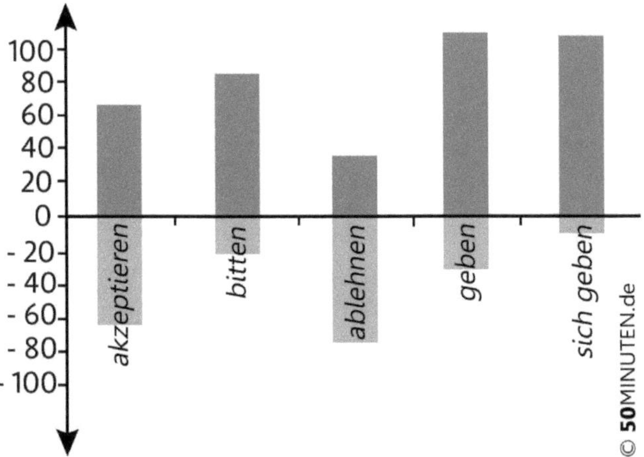

Betrachten Sie Ihr Diagramm: Welche Veränderungen können Sie treffen, um Ihr Wohlbefinden zu steigern? Notieren und planen Sie diese Maßnahmen.

WELCHE UMGEBUNG FÖRDERT ZUSAMMENARBEIT?

Wir können durch verschiedene Aspekte in unserer Persönlichkeit und unseren Vorgehensweisen Vertrauen in unserem Umfeld schaffen.

- Persönlichkeit: Wenn unsere Persönlichkeit Vertrauen ausstrahlt, zeigt sie ebenfalls unsere Werte, persönlichen Überzeugungen, eine Übereinstimmung zwischen diesen und unserem Handeln, Bescheidenheit und Mut, ebenso wie Ernsthaftigkeit und den Wunsch, gemeinsam von etwas zu profitieren.
- Vorgehensweise: Sie zeigt unsere Fähigkeiten, unseren Stil, unser Verhalten und die Ergebnisse, die wir erzielen.

Als soziale Lebewesen streben wir ganz automatisch nach der Unterstützung unserer Mitmenschen und der Zugehörigkeit zu einer Gruppe. Zusammenarbeit wird vor allem durch die folgenden Punkte gestärkt:

- Definition und Kommunikation von eindeutigen, realistischen, messbaren gemeinsamen Zielen
- Unterteilung dieser Ziele in Arbeitspläne
- Verteilung der Aufgaben unter Berücksichtigung der Fähigkeiten und Begabungen jedes Einzelnen
- Einführung von Aktivitäten, die die Verbindungen stärken

WELCHES GLEICHGEWICHT BESTEHT ZWISCHEN MEINEM PRIVAT- UND MEINEM BERUFSLEBEN?

Ein Gleichgewicht zwischen Privat- und Berufsleben (Work-Life-Balance) ist unerlässlich, wenn die Motivation der Mitarbeiter und die Qualität ihrer Arbeit langfristig sichergestellt werden soll. Doch dieses Gleichgewicht ist äußerst empfindlich, da es das Ergebnis einer feinen Dosierung verschiedener Aspekte und konstanten Aufmerksamkeit ist.

Das Rad des Lebens

Mit der folgenden Aufgabe können Sie feststellen, in welchem Lebensbereich Sie sich zurzeit befinden und welche Ziele Sie realistisch setzen können. Bewerten Sie spontan Ihre jetzige Situation auf einer Zufriedenheitsskala von 1 bis 10 und notieren Sie in einem Kreis alle wichtigen Bestandteile Ihres Lebens, die Ihnen einfallen.

Beispiel für das Rad des Lebens

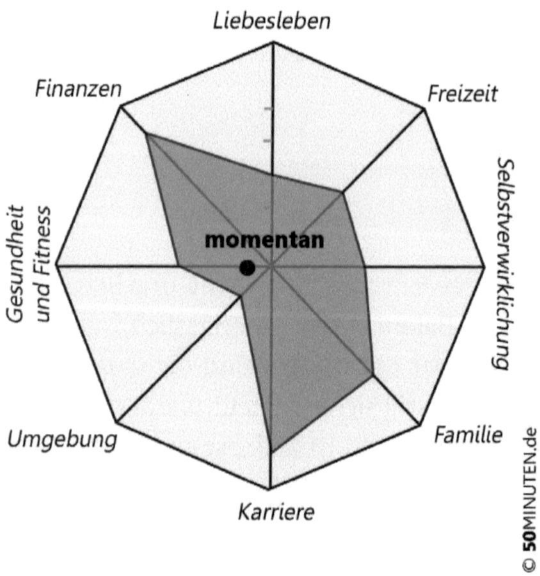

In dem abgebildeten Beispiel gibt die Person an, im Bereich Freizeit nicht zufrieden zu sein. Mit dieser Feststellung kommt ihr der Gedanke, wieder das Hobby aufzunehmen, dass sie seit der Geburt der Kinder vernachlässigt hat.

Der Schlüssel zum Wohlbefinden liegt darin, auf Grundlage dieser Ergebnisse realistische Ziele zu setzen. Versuchen Sie daher die Zeit, über die Sie im Alltag verfügen, realistisch einzuschätzen.

Sobald Sie Ihre Ziele gesetzt haben, können Sie sich mit Ihrer Umgebung befassen und Ihre Perspektiven, dank der zahlreichen Optionen für ein ausgeglichenes Leben erweitern: flexible Arbeitszeiten, Teilzeit, Homeoffice etc.

WIE KANN MAN MIT EINER VERÄNDERUNG IN DER ARBEITSUMGEBUNG SEINE LEISTUNG STEIGERN?

Unsere Produktivität hängt von unserer Organisation ab. Wenn auf unserem Schreibtisch das Chaos herrscht, unser Ordnungssystem nicht funktioniert und unsere Tagesplanung aus unwichtigen Aufgaben besteht, ist es gut möglich, dass wir gestresster und daher ineffizient sind.

Das Prinzip der 5 A (von der japanischen 5 S-Arbeitsgestaltung) hilft dabei, diesen Zustand der Tatenlosigkeit zu überwinden:

* Aussortieren
* Aufräumen
* Arbeitsplatzsauberkeit
* Anordnung zur Regel machen
* Alle Punkte einhalten und verbessern

Auch unsere Art zu denken lässt sich organisieren: So kann man, wenn es im Büro laut ist und man ständig von Kollegen unterbrochen wird, sich an einen ruhigen Ort zurückziehen, das Telefon ausschalten und sich aus seinem E-Mail-Programm und sozialen Netzwerken ausloggen, um besser und kreativer nachdenken zu können.

Unordnung verbraucht viel Energie und schränkt unsere Fähigkeit nachzudenken ein. Damit verhindert sie Effizienz, ebenso wie Wohlbefinden, Zusammenarbeit mit anderen und Kreativität.

WIE SOLLTE MAN DIE ARBEITSUMGEBUNG ANPASSEN, UM VERÄNDERUNGEN ZU UNTERSTÜTZEN?

In unserem Berufsalltag erleben wir pausenlos Veränderung und treffen Entscheidungen. Eine Entscheidung zu treffen bedeutet aus verschiedenen Optionen zu wählen, um ein Ziel zu erreichen und eine Veränderung herbeizuführen.

Eine Umgebung, in der gute Entscheidungen getroffen werden können und die dadurch Veränderung unterstützt, bietet den Mitarbeitern die Möglichkeit, sich zurückzuziehen, um ihre Fähigkeiten und ihr Denkvermögen voll auszunutzen. Mit den folgenden Punkten können Sie Veränderungen durch effiziente Entscheidungsfindung fördern:

- Setzen Sie sich an einen ruhigen Ort und schalten Sie Ihren Computer und Ihr Handy aus.
- Konzentrieren Sie sich auf die Sache, mit der Sie sich beschäftigen.
- Regen Sie Ihr Vorstellungsvermögen an, indem Sie an die Zukunft denken, wenn die Veränderung vollzogen wurde.

- Setzen Sie sich ein Zeitlimit und erkennen Sie die so geschaffene Herausforderung ohne Furcht an.
- Nutzen Sie ein einfaches schriftliches Hilfsmittel zur Entscheidungsfindung. Schreiben Sie beispielsweise in zwei Spalten die Vor- und Nachteile auf, um Ihre Ideen zu strukturieren.

Auch Flexibilität unterstützt Veränderungen, da sie die Sicht auf bestimmte Ereignisse positiv ausrichtet. Wenn Sie ein unerwartetes Ereignis beunruhigt, sollten Sie Ihre Sicht darauf ändern, um es zu relativieren.

TIPP FÜR DEN ARBEITGEBER

Ein Unternehmen, das großen Wert auf Personalentwicklung und Fortbildungen legt, hat größere Chancen, zukünftige Herausforderungen zu meistern.

JETZT SIND SIE GEFRAGT!

- Ziehen Sie mithilfe des Rads des Lebens eine Bilanz, wo Sie in Ihrem Leben stehen und wohin Sie wollen.
- Steigern Sie Ihr psychisches Wohlbefinden an Ihrem Arbeitsplatz:
  - indem Sie ihn personalisieren: Fotos, Bilder, Bücher, Lampen, Stifte... Sie können alles an Dekoration verwenden, was Ihnen gefällt, Sie motiviert und Ihr Stresslevel reduziert.
  - indem Sie die Anordnung auf Ihrem Schreibtisch regelmäßig ändern, um Ihre Perspektive zu ändern und Ihre Gedanken anzuregen: Wenn möglich, sollten Sie Ihren Schreibtisch so stellen, dass Sie Besucher beim Eintreten sehen und nicht von Geräuschen, Licht oder Dunkelheit gestört werden.
  - indem Sie Ihre Funktion und Vorgehensweisen klären.
  - indem Sie auf Ihre Zeichen der Wertschätzung achten.

- Widmen Sie sich jeden Tag den für Ihr Gehirn notwendigen Beschäftigungen.
- Reduzieren Sie aktiv Ihren Stress:
  - indem Sie immer, wenn Sie sich an Ihren Schreibtisch setzen, tief durchatmen.
  - indem Sie Ihren Gesprächspartnern zuhören und Fragen stellen, um eine realistische und positive Vorstellung der Ereignisse zu bekommen.
  - indem Sie die Ordnung und Sauberkeit Ihres Arbeitsplatzes sicherstellen: Ein ordentlicher Schreibtisch lässt Sie effizienter und stressfreier arbeiten (da Sie keine Zeit damit verbringen, nach einem Klebezettel oder einem wichtigen Dokument zu suchen) sowie sich besser konzentrieren. Ordnung beeinflusst außerdem das Bild, das andere von Ihnen haben.
  - indem Sie eine Pflanze in Ihr Büro stellen: Eine Pflanze wertet nicht nur Ihre Umgebung auf, sie wirkt außerdem stressreduzierend, steigert die Produktivität, dämpft Geräusche, reinigt die Luft und kann dadurch häufige Abwesenheiten reduzieren.
- Profitieren Sie von den Zeichen der Wertschätzung, die Sie erhalten und festigen

Sie die Beziehungen zu Ihren Mitmenschen, indem Sie selbst welche geben.

- Entwickeln Sie Ihre Persönlichkeit und Ihre Vorgehensweisen so, dass sie die Zusammenarbeit an gemeinsamen Zielen und geteilte Arbeitspläne unterstützen.
- Arbeiten Sie effizient, indem Sie ein für Sie wirksames Ordnungssystem entwickeln und sich konzentrieren.
- Fällen Sie sinnvolle Entscheidungen und zeigen Sie sich flexibel. Bilden Sie sich weiter!
- Stehen Sie für die Unternehmenswerte ein, indem Sie sie im Alltag leben.
- Beeinflussen Sie Ihre Umgebung im Rahmen Ihrer Möglichkeiten, damit sie mit dem übereinstimmt, was Sie für Ihre berufliche Erfüllung benötigen.

Ihre Meinung ist uns wichtig!
Hinterlassen Sie doch einen Kommentar auf der
Seite unserer Online-Buchhandlung
und teilen Sie Ihre Favoriten in den sozialen
Netzwerken!

DARÜBER HINAUS

LITERATURVERZEICHNIS

- Berne, Eric: *Spiele der Erwachsenen. Psychologie der menschlichen Beziehungen.* Aus dem Englischen von Wolfram Wagmuth. Rowohlt: Reinbeck 1967.

- Berne, Eric: *Struktur und Dynamik von Organisationen und Gruppen.* Aus dem Englischen von Wolfram Wagmuth. Kindler: München 1978.

- Blanchard, Kenneth; Johnson, Spencer: *Der Minuten-Manager.* Aus dem Englischen von Hermann Gieselbusch und Gitta Joost. Rowohlt Taschenbuch: Reinbeck 2002.

- Carlicchi, Caroline: „Comment trouver des solutions à mon problème". Coaching-go. (27.01.2014). http://blog-fr.coaching-go.com/2014/01/comment-trouver-solution-probleme/ (13.03.2019).

- Carlicchi, Caroline: „Le pouvoir des signes de reconnaissance". *Coaching-go.* (3.01.2013). http://blog-fr.coaching-go.com/2013/01/le-pouvoir-des-signes-de-reconnaissance/ (13.03.2019).

- Carlicchi, Caroline: „Pourquoi j'ai arrêté de donner des conseils". *Coaching-go.* (2.09.2013). http://blog-fr.coaching-go.com/2013/09/pourquoi-jai-arrete-de-donner-des-conseils/ (13.03.2019).

- Covey, Stephen M.R.; Merrill, Rebecca: *Schnelligkeit durch Vertrauen. Die unterschätzte ökonomische Macht*. Aus dem Englischen von Ingrid Proß-Gill. GABAL: Offenbach 2009.

- Rock, David: *Brain at Work. Intelligenter arbeiten, mehr erreichen*. Aus dem Englischen von Nicole Hölsken. Campus: Frankfurt am Main 2011.

WEITERFÜHRENDE LITERATUR

- Kroslid, Dag; Ohnesorge, Doris: *5S – Prozesse und Arbeitsumgebung optimieren*. Hrsg. von Gerd F. Kamiske. Carl Hanser Verlag: München 2014.

- Jurecic, Mitja; Rief, Stefan; Stolze, Dennis: *Office Analytics. Erfolgsfaktoren für die Gestaltung einer typbasierten Arbeitswelt*. Hrsg. von Wilhelm Bauer und Stuttgart Fraunhofer IAO. Fraunhofer Verlag: Stuttgart 2018.

MEHR AUF 50MINUTEN.DE

- Bouillot, Charlotte: Schnelligkeit durch Vertrauen *von Stephen M. R. Covey und Rebecca R. Merrill (Zusammenfassung & Analyse). Ein unverzichtbarer Faktor zur Leistungssteigerung*. Aus dem Französischen von Ruth Alvermann. Plurilingua Publishing: Brüssel 2018.

- Frenkel, Laurie: Der neue Minuten Manager. *Zusammenfassung & Analyse des Bestsellers von*

Ken Blanchard und Spencer Johnson. Autonomie statt Autorität. Aus dem Französischen von Ruth Alvermann. Plurilingua Publishing: Brüssel 2018.

- Palluat de Besset, Bénédicte: *Ordnung schaffen und halten. Tipps für einen gut strukturierten Arbeitsplatz.* Aus dem Französischen von Mareike Lobeck. Plurilingua Publishing: Brüssel 2019.

50MINUTEN.de
Geschichte
Business
Für die Arbeitswelt
Non-Fiction kompakt
Gesundheit & Wellness
Kunst und Literatur
DAS PARETO-PRINZIP
Die 80/20-Regel
Gesamtaufwand
Ergebnisse
20%
80%
80%
20%
Wichtig
Unwichtig
DAS CANVAS-BUSINESSMODELL
DIE SWOT-ANALYSE
SCHMÖKERN SIE SICH SCHLAU!
www.50Minuten.de

www.50Minuten.de

ISBN digitale Ausgabe: 9782808018166

ISBN gedruckte Ausgabe: 9782808018173

Pflichtexemplar: D/2019/12603/75

Cover: © Plurilingua

Digitale Aufbereitung: Primento, der digitale Partner der Herausgeber